거기, 밤바다가 있다

이기택 시집

청옥

작가의 말

시란 자기를 비추는 거울이라 했기에 질곡의 삶과 부대끼며 생긴 생채기와 굳은살 박힌 아픔을 치유하고자 자꾸 세상에 대해 뾰족해지는 마음을 순화시키는 노력으로 詩속에 나를 녹이려 노력했습니다.

쌓여가는 글의 무게를 비우는 심정으로, 그리하여 문학이란 광활한 대지에 애오라지 한발 더 내딛기 위해서 부족함도 가감 없이 엮어 선보이고자 함은 다른 한편으론 詩에 대한 열정이 중동무이가 되지 않겠다는 다짐이기도 합니다.

제 詩에서 자주 발견되는 유년 시절의 빈곤이나 부모님에 대한 가없는 그리움은 못다 한 효에 대한 반영이기도 하며 유독 사랑에 대한 목마름은 사랑이 가지는 치유의 능력을 믿기 때문입니다.

누구나가 한 번쯤은 직, 간접으로 경험했을 소소한 일상을 바탕으로 과장하지 않은 의미와 솔직한 느낌이 독자에게 어떻게 다가갈지 모르지만 어느 누군가에게 공감으로 읽힌다면 시어 한 줄에 매달리던 불면의 시간도 기쁘게 감내할 것입니다.

제 자신이 시인의 삶을 살아가며 끊임없이 새로운 시선으로 사물을 관찰하고 이해하여 詩의 본질에 다가서고자 함에 망설임 없기를 바랍니다.

이 시집이 나오기까지 도움을 주셨던 제가 속해있는 문학단체의 지인들과 서평을 흔쾌히 허락해주신 최영구 문학박사님께, 감사드리며 제 삶에 든든한 동지이기도 한 두 아들 용성, 용인에게 이 지면을 통해 사랑한다는 마음을 표합니다.

가을 어느 날

차례

제2부 파도 그리고 그리움

제3부 그리워 그린 그림

제4부 비에 젖는 연혼포

제5부 능소화

제 1 부

가을 끝자락에 서면

가을 끝자락에 서면

아직 떨구지 못한
나뭇잎의 아스라한 절규
귓가에 맴도니
애처로워 가던 발길 멈추고
긴 한숨을 몰아쉽니다

가을 끝자락에 서면
위초리에 매달려
빛이 바래가는 잎새들이
슬프도록 아름다운 것은
겨울의 그림자가
점점
가까워진 탓인가 봅니다

가을 앞에서

맑고 푸르른 하늘에
뭉게구름 머무는 날엔
누군가에게
가을 앞에 선 나무였으면
좋겠습니다

멀리서 바라 보아도
한눈에 알아볼 수 있는
오색으로
아름답게 물든
나무였으면 좋겠습니다

가을 연인

한 잔,

따뜻한 커피를 마시면
가슴을 타고 내리는 온기
그윽한 향기

현악기를 연주하듯
은은히 퍼진다
아름다운 선율

사랑하는
연인들의 가을
고운 풍경 되어 가슴에 머문다

가을이 지난 자리

가을 무르익는가 했더니
어느새 겨울의 문턱
느낌은 완연한데
만져지지 않은 계절의 마디

문밖에 우수수 지는 은행잎과
찬바람에 떠는
어린 국화송이 함초롬하다

푸르던 날들
낙엽 속에 묻고
바스락거리는 마음 다독여
가부좌 튼 사색

생각한다는 것
어쩌면 우리에게 근심과 시름의 단초가 되어
불면의 시간을 이삭 줍게 하나보다
번민의 시간을
깨달음의 시간을

겨울의 끝에 서다

우두커니
황량한 풍경 지키는 저 나목裸木
세월 풍파에 잔가지 꺾어
옹이로 박힌 상처 보듬으며
억척으로 살아낸 세월
가슴에 새긴 나이테엔
어떤 기다림이 저장되었을까

매번 지켜내는 계절의 약속
봄은 아직 먼데
서둘러 눈 뜬 복수초가
안간힘으로 부둥켜안는 희망
스쳐가는 바람결이
제법 유순하다

반추反芻

높은 하늘 뭉게구름 속
그리운 얼굴
바람에 떠밀려 간다

눈물로 붙잡고 싶었던
사랑의 순간도

가을 앞에 서면 모두가
놓치고 싶지 않은
중년의 추억이거늘

노을처럼 저물어가는 인생
가슴 깊이 간직해둔
그리워할 추억 하나 있으니
행복한 중년의 삶이 아니랴?

바람

나이 들어 얼굴에 주름이 늘어도
나를 바라보며 환하게 웃어줄
그런 친구 있었으면 좋겠습니다

겨울밤 긴 이야기로 밤을 지새워도
지루하지 않게 귀 기울여주는
그런 친구 있었으면 좋겠습니다

인생길 함께 걸어갈
너른 마음 품은
그런 친구 있었으면 좋겠습니다

황혼길 붉은 노을 바라보며
열심히 살았다고 서로 어깨를 두드려줄
그런 친구 있었으면 좋겠습니다

삶이란

겨울나무는
비움의 이치를 알기에
모든 잎새 설한풍에 내어주고
부활의 봄을 준비한다

겨울이 추운 까닭은
봄을 더욱 살뜰하게 보듬고
한여름 폭염을 이겨내라는
인내의 담금질이다

바람이기에 불어야 하고
사람이기에 늙어야 하며
세월이기에 가야만 하니

우리의 삶이란
운명의 굴레에 벗어나지 못하는가

호수

따스한 봄날
햇살이 호수 안개 걷어내며
봄을 물고 나는 새들
나목의 여린 가지마다 입김 불어
긴 겨울잠 깨운다

하늘 맞닿은 지평선 위에
기원할 조목을 열거해보면
삶의 번뇌를 잊은 채
영혼은 참수리 나래를 잡고 하늘에 오른다

때 묻은 영혼마저
풍선으로 떠오르고
산등성이 바위도 따라 오르는 듯
모든 시름 대지 위에 떨쳐버리려 한다

호수 안개
까만 속내 맑게 씻으며
잔잔한 파문으로 번지는
봄의 행복한 단꿈이어라

비의 랩소디

어둠 속에 내리는 비
별 헤아리던 그 자리에
질척거리는 아픔으로 내립니다

밤새 잠 못 이루고
대신 울어주는 빗소리에 기대어
멀어져 간 목소리를 기억합니다

애증의 싸늘한 눈빛
날카로운 질문으로 찾아와
밤새 넋두리만 잘박거립니다

촘촘히 박인 그리움
슬픈 음악으로 쏟아지며
가슴을 관통하는 설움
비의 랩소디를 연주합니다

사계四季

얼어붙었던 대지가 기지개 켜면
새들은 나목의 새순 가슴에 품고
봄을 기다렸다
온 산 분홍빛으로 물들인 꽃바람
나비들은 봄과 수작 중이다

철석거리는 파도
물새들의 울음소리
수평선에 하얀 돛배 바람에 실려 정처 없으니
멀리서 들려오는 뱃고동 소린 여름의 기별이다

가을의 길목마다 울긋불긋 단풍 들고
높은 하늘에 뭉게구름 여유로우니
가을걷이 끝난 들녘에선
유치한 낭만이 허허롭다

설한풍에 동백꽃 볼 빨갛게 얼어붙고
찬서리로 가슴에 쌓이는 기다림
빈궁한 시절을 견디느라
가난한 것들은 동면중이다

비의 소나타

하늘이 울고 있다
비의 난타 속에
큰북 울리듯 천둥 치고

밤새 옮겨 적는 감성
고목의 첼로 음 묵직하니
숲속에 울림 깊다

오선지에 음표 그리듯
분방한 몸짓

한 음 올리고
한 박자 쉬고
한 음 내리며
포르테에서 안단테로

심연을 깨우는 연주
소나타 선율에 마음을 맡긴다

봄의 소리

봄비 머금어
겨우내 헐벗었던 나목
연둣빛 실눈을 뜬다

명지바람에
뭉게구름 노닐어
숲속 새들은
꽃소식 재촉하고

잠에서 깬 개울물
속삭이듯 흐른다

새소리 물소리 어우러져
준비하는 봄의 향연

봄비

빗소리에 이끌려
고즈넉한 들길 걷는다

우산 속에 찾아들었던 봄바람
칭얼거리듯 옷섶에 파고든다
봄비에 젖은 꽃잎 하나

봄의 전령인 듯
개여울에 당도하니
마음은 이미 꽃밭

온 대지를 적시는 봄비는
마음에도 내려
그리움까지 적시는데

눈물인 양 쏟아지는
보고픔
봄은 이미 시작되었는데…

액자 속의 가을

청명하고 고운 하늘
액자 속에도 가을은 온다

억새 꽃 하얗게 피어나
바람에 홀씨 날리고

먼 숲속에 단풍 울긋불긋
환하게 웃는다

거실에 걸어둔 수채화 속에도
가을은 오더라

마음속엔 벌써 봄

추운 겨울 설한풍에
맞서 싸워 이기려 하지 마라

살벌한 투쟁으로도
역행할 수 없는 자연의 질서
봄의 태동은 이미 시작되었다

동토의 발 밑
희망의 씨앗 발아되어
허락되어질 때를 준비하고 있기에
시련을 이겨낸 긍지로
마음속의 봄 곧 올 테니

봄의 향연

겨울 건너는 혹독했던 여정
연둣빛 번지는 숲에
새들의 노랫소리 흥겹다

꽃샘바람의 곡성에
움츠린 꽃망울
엄마 품에 안겨 어쩔 줄 모르고
빼꼼 내다보는 중이다

혹여 어린 새순이 놀랄까
조심스럽게 다가서는 봄비
연초록 이파리
정겨운 손길로 어루만진다

산과 들에
생명의 소리 찾아드니
봄의 서막이 올랐다

동학사에서

계룡산 깊은 골
아름다운 풍경에 취해
정처 없이 걷다 보니
천년 고찰 나를 반긴다

일주문 들어서면
여승들의 가람
동학사 법당 앞에 발길 멈추고
경건한 마음
조용히 가부좌에 손끝 모아
암울한 현실 앞에
때묻은 마음을 비운다

여승들의 청아한 예불 소리
삼라만상을 깨우고
온산에 울려 퍼지는
범종의 근엄함에
산새들도 숨죽여
부처님 법문을 듣는다

봄맞이

풀잎에
이슬 모아
차를 끓이고
마을 어귀
느티나무 아래
찻상을 차려 놓는다

꽃향기 가득 담은
찻잔에
사랑을 띄우고
겨우내
추위에 움츠린
마음 달랜다

향기 가득 품은
꽃잎
개여울 휘돌아 떠돌면
온 산과 들에
봄 향기
가득하다

봄을 기다리며

소소리바람 불 때마다
봄은 가까이 다가오고
눈물 흘릴 때마다
슬픔은 하나씩 지워진다

내일로 닫는 한 걸음마다
등에 진 몽근짐
하나씩 내려놓고

이젠
모든 시름
훌훌 벗어
흐르는 맑은 개울물에
흘려보내리

제2부

파도 그리고 그리움

거기, 밤바다가 있다

널따란 바다 수평선에
노을빛 곱게 물들고
내 가슴속 금빛으로 물든다

먼 바다 고기잡이배 위에는
집어등 하나둘 켜지고
어부들 노랫소리 애절하게 들려온다

물결 위에 떠돌던 금빛
다시 모일 때까지
비린내 나는 어선의 불빛만
한가롭다

물결마다 곱새기던 약속
파랑이 멀미할 때마다
야윈 가슴에 다시 쓰는 바람
거기, 밤바다가 있다

어슬녘

어슬녘
산길 걷다 보니
실바람 불어와
얼굴에 땀 식혀준다

허리 굽은 소나무
내 굽은 마음 어루만지고
느티나무 등걸
지친 나를 쉬어가게 한다

산마루 너머 황혼 빛
곱게 물들어
가는 길 재촉하고

실낱같은 짧은 인연
서산으로 기우니
나도 따라 고개 넘는다

커피 잔에 노을이 진다

노을빛 고운 날
조용한 카페에 앉아
따뜻한 커피 한 잔으로 불러낸
그리움이 낯익습니다

그대 이마에 머물던 햇살
한 아름 안겨오던 소국의 향기
갈바람의 쓸쓸한 노래
문득, 옆의 빈자리 확인하는
외로운 습관

천천히 서둘지 않고 느껴보는
사랑의 온기
외로운 눈빛으로 응시하는
절반의 애틋한 소망
한 모금의 커피가 남아있습니다

문득, 덜컹

문득
네가 내게 왔다
맛있는 걸 먹다가
멋진 풍경을 바라보다가

덜컹
네가 내게 왔다
눈을 감아도
꿈을 꾸워도
울고 웃는 순간도

눈 내리는 플랫폼

어둠 뚫고 떠나는 새벽 열차
하얀 눈보라 속을 달리고
밤새 내린 함박눈
순결의 발자국을 기다린다

태백준령 설국으로의 여정
긴 한숨 내쉬는 눈꽃 열차
설인처럼 간이역 플랫폼에 들어선다

차창 너머 눈보라 속에서
붉게 떠오르는 태양
마음과 마음이 눈부시게 펼쳐진 장관 앞에서
번다한 일상을 잊는다

눈 덮인 플랫폼에서 올려다보는
시리도록 푸른 하늘
가슴속 깊은 시름
겨울 서정 속에 묻는다

금정산

늘 틀에 박힌 삶
사는 게 심드렁해질 때면
훌훌 산속 수림 누비는 바람이 된다

금정산 허리 살포시 껴안는 안개
비밀의 면사포를 걷어내면
미륵봉 건너 산새들 노랫소리
고당봉 풍경 자락에 걸어둔다

천만년 스쳐가는 바람의 연분 따라
소나무를 껴안은
칡넝쿨 사랑법도 품어 본다

빈 배

한적한 나루터 강가에
비가 내린다

빗소리 바람 소리 물결 소리
서글픈 멜로디의 향연
고요한 강가
임자 없는 빈 배만 비에 젖는다

지난날 저 강 너머 건네주던
사공은 어디로 가고
빈 배 홀로
비 오는 나루를 지키고 있나

파도의 난타

파도, 바다를 삼킨다
아름답고 점잖던 쪽빛 바다가
파도의 심술에 어쩔 줄 모르고
토해 내는 포말

물새들은 하늘로 비상하고
바위에 부서진 파도
고통의 파열음 터트린다

파도 그리고 그리움

파도에 쓸린 조약돌
자박자박 다가와
속엣말 전한다

사무치는 그리움
파도에 떠나보내고
갈매기 나래에 실려
바람의 길 떠도는 영혼의 비행

해당화 옛 추억 머금어
그대 그리운 날엔
내 가슴속에서 시나브로 피어나리

지금도
파도 소리 가슴에 철썩거려
닫지 못하는 마음의 창

멍투성이의 쪽빛 그리움
잠결에도 일렁인다

커피

먼동이 틀 무렵
나를 기다리는
따뜻한 한 잔의 커피

붉게 떠오르는 태양을 기다리며
좋은 사람과 마주 앉아 마시는
향긋한 커피 한 모금

혀끝을 타고 내리는 커피
부드럽고 향긋한 그 사람의 향기

나의 오늘을 반기는 첫인사는
늘, 너의 몫이다

아우성

마음속
시간이 멈춘 이곳
장자산 끝자락에 펼쳐진 바다
붉은 노을이 담긴다

붉게 물든 상념
파도가 스쳐 지나고
인연의 시간
이기대 여울을 거닌다

바람이 몰고 온 파도는
저 멀리 오륙도 어스름에
술래가 되었다

눈시울 붉힌 갈매기 노랫소리
낮은 목소리로 백운포에 내려앉고
시름에 겹던 파도는 노을 속에
몸을 뒤척인다

새장 속에 나

아침 햇살 바다를 비추면
날개 펴고 바다 위를 날고 싶다

오랫동안 잊었던 날갯짓
퇴화된 습관의 굴레를 뛰쳐나와
바람을 안고 이륙하는 꿈

파도야 하늘 높이 올라라
너울의 잔등 타고 날 수 있게

약속의 땅을 향해
뭉게구름 타고 하늘 위를
바람의 결을 따라 훨훨
자유롭게 날 수 있도록

달 품은 바다

생각은 당신 곁을 머물고 싶어도
마음이 먼저
아득한 수평선을 넘는다

텅 빈 하늘에
둥근 달
바다 위를 홀로 거닐고

그리움은 애써 외면을 할 때도
내 마음은 벌써 당신을
포옹하고 있다

바다를 물들인 달빛
갯바위에 내려 앉아
밤하늘을 노래한다

비 개인 후

밤새 내리는 빗소리
그리움 찾아와 같이 듣습니다

창가에 기대 비를 보고 있자니
가로등 밑을 서성이던
그림자도 흠뻑 젖습니다

당신 때문이라는
금방 들키고 마는 변명
사실은 마음속에 둔
당신 향한 그리움 때문입니다

비 개인 후에 더 깊어진 어둠
당신의 얼굴
어느새 밤하늘에 걸렸습니다

산사에 내리는 눈雪

느닷없이 춘설 쏟아진
고요한 산사 경내로 들어선다

목련 도톰한 꽃눈 위에 고봉으로 쌓이고
법당 앞마당에 흩뿌린 하얀 보석
동자승의 웃음처럼 해맑다

산사에 내린 하얀 눈
자비로운 부처님 찾아 품에 안겼다
누군가 찾아올 것 같은 날
상서로운 조짐처럼
하얀 그리움 가슴에 쌓인다

비움의 행복

닫혀버린 마음속에 문 열고
가슴 깊이 쌓아놓은
무거운 짐
마음으로부터
비우고 또 비운다.

서운했던 이에게
가슴 가득 사랑을 안겨주고
슬픔을 준 이에게는
따뜻한 미소를 채워준다

내 마음 이렇게
가득한 것은
내가 비움으로
또 다른 채움이 있으니
비운다는 것
이 또한
기쁨이 아니던가

시골 성당 앞에서

시골 조그만 성당
노란 은행나무 위에는
앵두알 같은 알전구가
노을빛에 물든다

기다란 벤치에는
은행잎이 쓸쓸히 떨어져
바람에 날리고
뜨락, 마리아 상이
작은 새들의 찬미에 귀 기울인다

성당 종소리는
은은하게 가슴에 울려 퍼지고
늙은 수녀님
저녁 미사를 위해
서둘러 성당에 오른다

쉬어가는 마음

산모롱이 끼고 돌면
흙먼지 날리는 비포장 길
산길 따라 펼쳐진 풍경화

철 따라 피는 야생화
해맑은 미소마다
따스한 햇살 쌓여 소담스럽다

편백나무 우듬지에 산까치
한바탕 놀고 가니
덩달아 흥겨운 발걸음

바람결에 실린 향기 은근하여
발길 머무는 자리마다 쉼터
세속에 지친 마음 여기에 쉬어간다

항구

강물처럼 잔잔하고 푸르기만 하다면
바다는 너무 심심할 것이다
낮은 평지가 있어 산이 높은 것처럼
거친 풍랑이 있어 항구가 있다

폭풍이 몰아치는 날이면
장독대 위에 정한수 떠놓고
무사귀환 기다리는 아낙들이 있다

부둣가 선술집 아낙들은
선원들의 구수한 입담 너털웃음이 그립다
실없는 농담 속에서
정 넘치고 사람 사는 내음이 풍겨 난다

잔물결로 슬쩍슬쩍 수작도 부려보고
비린내 나는 사연마다
삶의 눈빛 투박하다

찻잔에 담긴 독백

문득 헤이즐넛 커피를 마시며
닫혔던 가슴 열고
감춰왔던 말
속삭여 주고 싶은
사람 있었습니다

외로웠던 기억들
말없이 들어주는
따뜻한 눈빛을 가진
사람 있었습니다

아픔을 얘기하면
이슬 맺힌 눈으로
바라봐 주던 사람
희망을 말하면
덩달아 꿈에 부풀어
행복해 하는
사람 있었습니다

험한 세상 지친 삶에
차 한잔의 여유로
지친 마음 달래주는
사람 있었습니다

찻잔이 식어가도록
지루하지 않게 귀 기울여 주는
온유한 심성으로
오래 바라봐주는
사람 있었습니다

바다, 비에 젖다

바닷가 조그만 찻집
창 너머 잿빛 바다가
아슴아슴 비에 젖는다

멀리 보이는 바위섬 위에
작은 물새
겨울비에 젖은 날개를 접어
애련함 눈에 닿는다

통유리 넓은 창가
우련하게 어리는 막연한 그리움
가슴속에도 비가 내린다

화이트 와인white wine

원망과 그리움
체념과 간절함을 시소 타며
교차하는 마음이 빚어
숙성되길 기다리며 밀봉한 사랑의 속내
투명하게 잠든다

올망졸망 포도 알갱이로 매달린
그리움 으깨어 우려낸
진액의 눈물
세월 흐를수록 더 깊은 풍미
발효된 절규에 취해야만 느낄 수 있는
사랑의 진실이려나.

녹아든 외로움에 은근히 취해
뺨에 번지는
그리움 살갑다

제 3 부

그리워 그린 그림

그리워 그린 그림

마음속에
애틋한 사연 떠올리며
조용히 창밖을 바라본다

침실 창가 어둠이 내리고
살짝 열린 문틈 사이로 들어온
산득한 바람
가슴속에 스민다

붉게 떠올랐던 태양
어둑발 속에 스러지고
황혼빛 우련하니
마음 또한 사늑하다

그대 그리워 그린 그림 속에
오롯한 아련함
추억은
추상적으로 그려졌다

나눠지지 않는 사랑

하루는 낮과 밤으로
나뉘는데
당신 향한 그리움
과거, 현재, 미래로 나눌 수 없는 까닭은
내 삶의 전부이기 때문입니다

당신이 그리우면
나는,
마른 눈물 훔치는데
당신은, 어찌하나요

나의 노래

불어오는 바람에도
그대를 생각하고
붉은 노을을 보면서도
그댈 그리워한다

화창한 봄날에도
민들레 홀씨 같은
이별의 아픔 도지고
쓸쓸한 가을에도
마지막 혼불을 켜는 절정은 있다

사랑은 내게
허밍의 뜻 모를 음절로 오고
이별곡은 단조의 읊조림으로 침울하다
나의 노래는
네 앞에서 처음 불려지곤 한다

꽃바람

당신이 오시면
내 곁에 오래도록 머물다
천천히 가셨으면 좋겠습니다

오랜 기다림에 당신이 그리워
오늘도 동구 밖까지
마중 나갔습니다

기다림과 설렘으로
기쁨과 즐거움으로
분홍빛 향기 가득 담고 오는
당신을 반갑게 맞이합니다

이렇게 오신 당신
서둘러 떠나지 마십시오
가실 땐 숲이며
산과 들 두루 살피시고

꽃바람에 몸 싣고
천천히 떠나가십시오

노래 한 소절

그리움에 지쳐
기다림은 눈물이 되고

고즈넉한 에움길 가득한 빗소리
가슴에 파고드는데

지난 추억의 눈물인 듯
슬퍼하는 빗줄기

궁싯궁싯
그대 향한 마음

젖은 발자국
가슴속에 스며드는
노래 한 소절

기다림

이른 아침
봄비가
소리 없이
내린다
이쯤에서
당신도
밝은 미소 지으며
비가 오듯이
내 곁으로 왔으면…

처마 밑
바짓단이 흠뻑 젖었다.

지우기

바라봐 주길
기다림 길지 않길 바랐습니다

영원을 약속하지 못하던
기다림 시간들
눈물까지도 안타까웠습니다

방황 속에도
아픔보다 기쁨이 더 컸던 시간 모두를
오롯이 담아 놓았습니다

오랜 기다림에 지친 그리움
가슴에 묻고
이제는
당신께 돌려 드리겠습니다

동행

높은 산을 오르고
깊은 강을 건널 적에
누군가 곁에 있어
함께 건널 수 있다면
얼마나 좋을까요

힘들고 지칠 때
곁에서 손잡아 주고
밝은 미소로 응원의 말을
전해주는 이가 그대라면
얼마나 좋을까요

힘들고 지친 지금
당신 있어 참 좋습니다
당신과 함께라서 참 행복합니다

오늘의 인연

어둠 속 별무리처럼
많은 인연 중
내게 다가온 특별함으로
오늘의 인연을 소중하게 담습니다

잠시 잠깐의 꿈일지라도
오늘 내게 다가온 아름다운 인연
가슴 깊이 간직해 봅니다

나로 비롯되어지는
모두가
아름답고 행복해지길 소망합니다

최선을 다하는 삶
행복한 미소 머금고
오래도록 기억되는 사람으로.

이제 겨우 하루 지났을 뿐인데

이제 겨우
망각의 강여울을 서성거렸을 뿐인데
모든 것이 지나간 시간 속에
추억이 되었습니다

그리움으로 지난날을 반추해보지만
외롭고 쓸쓸한 고독만 가득합니다

어디에서든
내 곁에 있겠다던 당신

이제 겨우 하루 지났건만
허전함은 마음에 가득합니다

하루 사이에 모든 것을 가슴에 묻고
추억이 되었습니다

애상愛想

행여
고즈넉한 숲길 걷다가
가을바람에 떨어진
낙엽 밟으면
밤새 그리워 뒤척거리던
내 마음인가 하세요

행여
어두운 밤길 걷다
호수에 잠긴 별들이
반짝이거든
밤새 그리워 흘린
내 눈물인가 하세요

기다림은 낙엽 되어
발아래 부서지고
그리움의 눈물
호숫가 별 빛 추억되어
애상만 가을 속으로
멀어져 갑니다

사랑의 통로

사랑은 들길 같아서
마음이 오고 가지 않으면
무관심 우북 수북 웃자라서
소통의 길을 지웁니다

사는 일이 삶에 쫓기는 일이라 해도
가끔
서로의 안부가 다녀가는
오솔길 있었으면 좋겠습니다

마음 닿는 만큼에서
새들이 노래하고
나비 춤추게 하듯
그대 기쁘게 걷는
꽃길이라면 더욱 좋겠습니다

오늘도
당신의 하루를 배웅하고
돌아오는 길가에
안내 리본처럼 야생화가 피었습니다

사랑하는 까닭

사랑은
달콤한 속성을 품고 있어
그리움과 외로움을 주기도 하고
누군가에겐
아픈 상처가 되기도 하지만
때로는 다정하기도 해
상처를 어루만져 주고
흐르는 눈물 닦아 주기도 합니다

사랑의 변덕
타박하면서도
껴안아주는 까닭은
더운 쌀밥 같은 사랑으로
투덜거림 많은 세상살이를 견디게 하는
따뜻한 눈빛 때문입니다

사랑, 부화하다

사랑의 씨앗 한 톨
그대 손길 닿기를 소망하는 것
그것으로부터 시작되었습니다

아끼는 마음엔 의심 없어
늘 열려있기에
사랑함의 이유를 묻지 않습니다

사각사각
마음속 그리움 갉아먹는 애벌레
나비 되어 날길 꿈꿉니다

지켜지는 약속으로
사랑을 부화시키고 싶은 절실함에
오늘도 열심히 살았습니다

번민의 두꺼운 껍데기를 벗는 날
비행의 설렘을 기록할 겁니다

사랑의 방정식

행복한 습관으로
동류항에 묶인 우리가 된다

그녀의 기분에 따라 반응하는
감정의 기복
공통분모로 묶인다

정답 없는 사랑
언제나 숙제이다

사랑한다는 것은

가슴에 살포시 안겨오는 그대 있기에
마음속에 당신을 위해
작은 집을 하나 지었다

어두운 밤에도
언제나 찾아와 머물 수 있게
가슴 한켠 촛불 밝혀 놓았다

외롭고 슬플 때면
찻잔에 가득채운 향기로운 허브차
서로 나눠 마시면
가슴 속 전해지는 사랑의 온기

입가에 머무는 행복한 미소
사랑하는 것
아마,
이처럼 서로를 덥히는 일일것이다

당신에 가슴속 깊이
사랑의 집을 짓고
행복한 정원에 꽃을 가꾸며
더불어 늙어가고 싶다

허상虛像

눈물로 채운 술잔 속
나를 향해 미소 짓는
임의 환영

쓸쓸함은 봄비 되어
내 마음 적시는데
임의 목소리가 들려 돌아보면
가뭇없어
아슴아슴한 잔영

그리움에
먼 하늘 올려다보면
바람에 밀려가는
흰 구름만
나를 보고 어서 오라 손짓한다

임의 노래

침묵 속 그리운 얼굴
찬바람 가슴을 휘돌면
어둠 속 임께 가는 길이 열린다

눈 뜨면 맨 먼저 반겨주는 얼굴
잠들기 전 마지막까지 함께하는 얼굴
누군가 한 사람을 그리워한다는 것
이토록 아름다운가

그리움의 문 열고 들어와
숙명인 양 세 들어 사는 그대
내 곁에 머무네

가슴 에이는 한풍에도
임의 노래 따뜻하게 내게 안기네

이연異緣

밤하늘 별빛
창가에 은은하게 흐르면
그대 그리워 지새는 밤

당신 떠나보내고
가슴앓이했던 수많은 날
비로소 실감하는 이별

엇갈린 인연으로
멀어져 간 뒷모습
차마 붙잡지 못하는
이연異緣의 안타까움

매 순간 떠올라
지울 수 없는 추억
생의 모퉁이 어디쯤에서
너와 나
그리움으로 떠돌까

기다림의 미학

외롭다고 느낀다면
당신의 발길 기다리는
풀꽃들이 초롱초롱한 눈망울
잠시 떠올려보세요

그립다고 느낀다면
허전한 마음에
더 깊은 사랑을 채우는걸
오래 기다려주세요

괴롭다 느낀다면
행복했던 순간들을 떠올려
이 또한 지나가는 시간일 뿐이라고
다독여보세요

눈물이 날 때
행복한 눈물은 넘치게 놔두고
서러운 눈물이거든
위로하는 사랑의 몫으로 남겨두세요

하여
순간에 동요하지 않고
마음이 영글도록 기다려주세요

깊은 밤

모든 소리를 거두었습니다
당신이 풀잎 스치며 내게로 오는
발자국을 듣기위해…

모든 기도를 거두었습니다
당신의 그리움 딛고 오길 소원하는
기도만 남기고…

모든 불빛을 거두었습니다
지난 시간 속 멀리서만 바라보던
당신의 모든 것을 껴안기 위해…

뒤쫓던 많은 날들이
사랑이었나 하는 물음표로
되물어오는 이 시간
당신만을 위해
그리움 불 밝혀두는 까만 밤

산꼭대기에 둔 이름

메아리로
산꼭대기에 남겨둔 당신의 이름
철따라
꽃으로 피어나고
단풍으로 곱게 물들며
한겨울 칼바람 눈雪 속에서도
질긴 인연으로
하늘과 맞닿은 그리움의 자리에
당신이 머뭅니다

외로운 숨결
망각 속에 떠밀려 사라질까봐
보고 싶다는 소원
가슴에 묵직하게 눌러 놓고
새로운 메아리로 남겨두는 이름
그리움 등에 업고
힘겹게 오르는 산꼭대기에서
땀방울 식히는 바람으로
그렇게
나와 만납니다

후애後愛

사랑으로 불러 세웠으나
나 당신
뜨거운 영혼으로 만나지 못해
형벌 같은 그리움만 남았습니다.

가슴 아픈 사랑 떠나보내지 못하는
가시 돋은 원망 때문에
엇비켜난 인연이
눈물로 걷는 발걸음 소릴 듣지 못했습니다.

억지 부려
붙잡으려고만 했던 허망한 바람
응어린진 회안으로
눈물의 웅덩이를 만들 줄 몰랐습니다.

서툰 언약으로
외로운 마음 가여워 서로 기댄 인연
별리 후의 뒤늦은 후회가
오래도록 뒤돌아볼 줄은 몰랐습니다.

제 4 부

비에 젖는 연호도

회상回想

가을 무르익으니
어느새 겨울 문턱에 가까이 섰고
우수수 떨어지는 은행잎
추위에 떠는 산국이 안쓰럽다

번다한 시름
낙엽 속에 묻어두고
차분히 마음 가라앉혀
추억에 잠겨 본다

생각할 수 있다는 것
어쩌면,
시름과 괴로움의 시발점이다

편지

아버님 그곳에서 잘 계십니까
아무 말도 없이 훌쩍 떠나가신
당신이 왜 이렇게 보고 싶은지 모르겠습니다

이른 새벽이면 바다에 나가시고
어스름 저녁 지친 몸 이끌고 돌아오시는
당신 볼 때마다
어린 아들의 마음도 아팠답니다

그렇게 허망하게 가실 거면서
모진 세월 어찌 그리 힘들게 견디셨습니까
이 못난 아들 이제야
당신의 따뜻한 사랑을 알 것 같습니다

당신 살아생전 사랑하고 존경한다는
말 한마디 못 하고 보냈습니다
당신을 너무 사랑하고 존경했습니다

지금 당신의 모습 아련하여
기억 저편으로 흐르지만

당신의 등에 업혀 잠들던 그때가
왜 이리 그리운지

당신의 어깨를 짓누르던 철부지 아들
이제야 짊어진 생의 무게를 느끼니
못다 한 사랑 가슴에 봉분으로 쌓아둡니다

빌려 쓰는 인생

소중한 나의 친구여
너와 나
가진 것 아까워하지 말고
나누며 살아가세
버리고 비우면 또 채워지는 것이
인생이라 하지 않나
베풀고 나누며 살아가세

내 마음이 부처이면
상대도 부처의 마음으로
나를 바라보리니
누구를 미워하지도 말고
누구도 원망하지 않으며
몸과 마음, 힘겨울 때
서로 의지하며
누군가 주저앉으면
먼저 손 내밀어 일으켜 주면서
인생길 함께 가세 친구야

빌려 쓰는 인생
더욱 소중히 여기며 살아가세

나 떠난 뒤

나 떠난 뒤
아프게만 기억하지 마세요
당신이 헤쳐 나가야 할 날들
무궁한데

나 떠난 뒤
그래도 어쩌다 가끔
생각나거들랑
당신의 입가 작은 미소로만 기억하세요
내가 캄캄한 어둠 속에서
당신을 향해 미소 지을테니

나 떠난 뒤
이슴아슴한 기억
도린곁에 묻어 두세요
비로소
나 무거운 짐 내려 놓으니
평안합니다

찻잔

고향집
툇마루에 앉아
어머님이 건네는
사랑의 찻잔

사랑 한 스푼
행복 한 스푼

찻잔 속
어머님의 미소
살갑게 피어난다

어머니

내가 사랑한 사람은
늘 외로운 섬이었다

혼자일 때도
내가 곁에 있어도
내 눈엔 언제나 쓸쓸하게 읽히는 표정

내가 어렸을 때도
어른이 되었을 때도
붙박이의 외롭던 시선은 바다로 향했다

그런 당신을
곁에서 바라볼 수 있어 안심되는 날들

오늘도 당신께
고맙다고
사랑한다고
전하지 못하고 돌아선다

철부지로 오래도록
당신 사랑 붙잡아 두고 싶어…

청개구리

틈틈이 다녀가는 마음 근처
당신 사랑 무량하건만
그 마음 헤아리지 못하는 불효

당신을 뵈러 가는 길은
반가운 마음 가득한데
발걸음은 왜 이렇게 무거운지

걱정으로 지새우는 나날
갚을 길 없는 당신의 헌신 앞에서
청개구리처럼 웁니다

당신이 내게 주신 사랑 서운하지 않게
따갑던 잔소리 조차도
가슴 깊이 간직하고 살렵니다

아들에게

아들아,
누구에게나 하루에도 몇 번씩
갈림길 위에서 선택의 순간이 온다
그러나 네가 선택해야 하는 길은
오로지 한 길뿐일 것이다

그 선택에는
네 믿음이 있어야 할 것이다

지금의 서택은
미래가 결과를 말해 줄 것이니
어떤 선택을 하더라도 두려워하지 말고
너 자신을 믿어야 한다

믿음 없이 선택한다면
실패하는 이유가 될 것이다
그리고,
그 선택이 실패하든 성공하든
책임은 네가 져야 할 것이다

소섬牛島

일출봉을 뒤로하고
푸른 바다 뱃길 따라
우도를 향해 뱃길을 연다

갈매기 반기듯 군무를 추고
서빈백사 쪽빛 물결
여인의 속살처럼 탐스러운 자태
마음을 훔친다

올레길 따라 펼쳐진
아름다운 절경
구름마저 쉬었다 가게 하고

우도봉 위에 솟은 등대
연인들 나침반 되어
내일을 열어준다

1월을 보내며

다시 솟아
뜨겁게 융기하던 새해
희망으로 찬란하던 결연한 몸짓

작심삼일의
허물어지는 의지를 다독이며
열심히 달려온 서른한 날

설렘 속에 이제 막 내디딘
희망의 걸음마다
오늘과 대면하는 당당함이 결연하다

너를 보내고 나면
새로운 날들
알뜰하게 품어야 한다

이렇게 열두 번을 보내며
처음인 듯 맞으며
하나라는 숫자를 덤처럼 얹는다

추억이 머무는 곳

과수원 목책 사잇길
마주 잡은 손과 손이 전하는
핑크 빛 이야기가 있었다

아무 말 없어도
입가에 피어나던 미소
향긋한 추억이 있었다

물빛 머금은 눈망울
터질 듯 봉긋한 꽃 몽우리
잎새마다 싱그러운 입맞춤의 바람이 있었다

어느 날 갑자기
떠나는 눈빛 몹시 가여웠던 날
그믐 같은 가슴으로 걷던 뒤안길이 있었다

그대 기억 속의 나

살아가며
누군가의 기억 속에
내가 머문다면 얼마나 좋을까

다르게 읽어버린 마음
엇갈린 운명으로 타박타박 걸었어도
아프지 않게 기억된다면 얼마나 좋을까

사소한 기억마저 떠나보냈던 마음
가끔 궁금해져
반추하는 풋풋한 눈물

기억되어
삶의 흔적에서 발아하는
아름다운 인연이었기를 소망한다

비에 젖는 연혼포

한낮 뜨겁게 불타던 태양
서산으로 기울고
연혼포에 황금빛 노을 내려앉으면
어슬녘 집 찾아드는
작은 물새들의 날갯짓 노곤하다

바위에 부서지는 파도
비릿한 바다 내음
바람에 실려오고
바위섬 위에 들려오는
물새들의 노랫소리
옛 친구 그립게 한다

해무 속에 들려오던
해녀들의 숨비 소리
어머님의 고단한 생을 읊조리는 듯 구슬퍼
흐릿한 눈에 흐르는 눈물
연혼포에는 한 서린 비가 내린다

모정母情

낙엽이 한 잎 두 잎 떨어지고
찬바람 옷깃에 스며들면
한숨 깊어지시는 고향집 어머님

추운 겨울 이겨내기 위해
잎새 떨구는 나무처럼

자식 하나, 둘 당신 곁에서
떠나보내고 걱정으로
겨울 긴긴밤을 지새우시는 당신

나날이 깊어지시는
주름진 세월의 흔적은
한숨으로 달래시고

부뚜막 위에 떠놓은 정한수
자식 위해 두 손 모으시는 당신

비 오는 날

비 오는 날
비를 맞으며
내 실체를
찾아 걸어간다

지나가던
어린아이가
하늘을 올려다보며
이렇게 말을 한다

하늘이 젖으면
어떻게 하지

그래
하늘이 젖으면
어떻게 할까

나는
그리운 사람 앞에서는
한 줄기 비가 되어
내리고 싶다

자화상

빛바랜 사진 속
오래전 나를 들여다 본다

나는 어떻게 살아왔는가
열심히 살았다고
부끄럽지 않게 살았다고
자부심을 가져도 되는지 물어본다

뒤죽박죽인 세상
파도 위를 등반하고
산봉우리에서 수영했던
혼돈의 시소 타는 인생

모두가 소박한 삶을 위해
흔들림 없이 고지를 향해
쉼 없이 달리는데

거울 속
굳은 표정의 사내
억지웃음이 겸연쩍다

연민의 숲

엉성한 낫질로 베어낸 웃자란 그리움
한 줌씩 쌓여 등짐이 되고
인연으로 동여맨 외로운 사랑
연민을 지팡이 삼아 숲속 헤맨다

마음의 골짜기
안식의 햇살 비추기를 기대하며
찾아가는 초록빛 사랑
얕은 믿음으로는 속마음 알 수 없다

그리움 빈번하게 다녀가도
묵묵부답의 고요
서글픈 마음 앉은 자리마다
애증의 눈물 꽃이 핀다

추억의 바닷가

당신과 함께했던 그 바닷가
나 홀로 찾는다
바닷가 카페를 가득 채우는 커피 향
문득 당신이 그립다

그대와 함께했던 통나무 벤치
아직도
당신의 온기가 느껴지는 듯

이름만 떠올려도 가슴 시린 사람
추억 속에 갇혔으니
하릴없이 부서지는 파도 소리에
숨겨 우는 그리움.

임이시여

흐드러진 벚꽃 터널
하얀 꽃잎 눈부셔라

온 산에 꽃향기 가득하니
아버지 손잡고 꽃구경하던
그날이 너무 그립습니다

꽃잎 한 번 쳐다보고
얼굴 한 번 올려보고
그런 나를 바라보며
미소로 답하던 아버지

곁에 없는 오늘
너무 보고 싶고 그리워
조용히 불러봅니다
아버지

신수腎水

울창한 푸른 숲에
맑은 옹달샘 하나
오늘도
그 맑은 샘에
토끼 한 놈이 놀고 간다

오르가슴으로
출렁이는 잔물결
바위틈 사이로
뚝 뚝 뚝
떨어지는 맑은 샘물

아버지

언제나 곁에 있을 것만 같았던
다정다감하시던 당신
다시는 볼 수 없어 더욱
당신이 보고 싶습니다

겨울이면 아궁이에 불을 지펴
목욕물 데우시고
어리광의 투정마저
자상하게 씻겨주시던 당신

무심한 듯 투박했던 사랑
언제나 내 곁에서
든든한 배경이 되어 주셨습니다

내게 큰 나무로 그늘이 되고
비바람을 막아주셨던 당신
오늘,
당신이 너무 보고 싶습니다

해녀(어머니)

환해 장성 너머로 펼쳐진
그림 같은 쪽빛 바다
아름다운 황루알* 그곳에
한 서린 노랫소리 들려온다

이어도 사나 에헤 이어도 사나
황루알 바닷속을 터전 삼아
해녀들의 숨비 소리 어우어져
아름다운 아리아를 완성한다

바닷속을 무리 지어 춤추는
무희들의 무대
이마에 파인 주름은 지휘봉 되고
아름다운 바다 음표가 되는 물질로
해녀들의 환상곡은 연주된다

이제는 그 테왁**을 내려놓고
붉게 물든 노을 바라보며
회상하는 지난 날바다가 몸안으로 밀려든다

* 황루알 : 서귀포시 성산읍 온평리 앞바다 지명
** 테왁 : 해녀가 물질을 할 때 물에 뜨게 하는 부표

제5부

능소화

찔레꽃

들길 따라 하얗게 피어난 찔레꽃
꽃잎에 맺힌 이슬
아침 햇살에 반짝인다

달콤한 그 향기
익숙한 누나의 향기

세월 가장자리에 핀
따사로운 미소
다복다복하다

산모롱이 돌아가는 시오리 길에
누이처럼 피어 눈물겨운
하얀 찔레꽃

루드베키아

너 참 곱구나
네가 웃으면 따라 웃고
손짓하면
네 곁으로 다가선다

네가 보아달라 조르면
눈으로 쓰다듬고
나를 향해 환하게 웃어주는
너 참 곱구나

지싯거리는 바람에도
찡그리지 않고
뙤약볕에도 싫은 내색 안 하는
너 심성마저 곱구나

버들소나무

계곡 바위틈
허리 굽은 버들소나무
천년을 인내한 수행
푸르름 여전하다

산등성이 반질거리도록
구름 오르내리고
숲에 숨결 불어넣는 바람의 통로
계곡은 누구에게나 열려있다

새벽으로 기우는 하현달
버들소나무에 기대어
지친 몸 쉬어간다

목련화

겨우내 추운 마음 달래고
백옥같이 고운 미소로
내 곁으로 다가왔다

실바람에 하얀 꽃잎 날리며
봄볕 고봉으로 담고
임 그리는 애절한 모습으로
소담스럽게 피었다

연민의 정 가슴에 묻은
정갈한 미소
단아한 모습이 애틋하다

능소화

비가 오면 비가 와서 좋고
바람 불면 바람 불어 좋아라
비 오면 비에 젖어주고
바람 불면 바람에 내어주고

담장 타고 올라
처마 끝 풍경이 되어 너를 부르고
바람 불면 바람에 실려 오는
너의 향기 내 안에 담는다

별 하나 아픈 나를 감싸고
실바람 불어 얼굴을 간지럽히면
너의 손길인가 살며시 눈을 감는다

삼라만상은 고요히 잠들어도
홀로 잠 못 들고 담벽에 기대어
밤이 들려주는 내 영혼의 소리를 듣는다

능소화 연정

바람 좋은 어느 여름밤
그리움 사무쳐 잠 못 이루고 뜨락에 앉아
가슴속 깊이 심어놓은
흔적 하나 지울 수 없어
그저 눈물로 지새운다

밤하늘에 샛별 하나 살며시 내려와
연못 위에 머문다
가까이 가면 멀어지고
다가가면 또 멀어져
윤슬 가득한 연못가에 홀로 서면
내 모습만 애처롭다

담장 밑에 살며시 내려와
주홍빛 등불 밝혀
임 오실 날 손꼽아 기다리니
행여 내 잠든 사이 임 오시지 않을까
기다리다 뜬눈으로 처마 밑에 잠이 든다

꽃

네가

그리워

너를 생각 하노라면

문득 네가

꽃이 되어

향기로

다가와

안부를 묻는다

코스모스

가을 햇살에
헤실거리는 너

산들바람에
가녀린 몸 맡기고

사브작이
춤추고 있다

야생화 단상

누가
기억하고 있을까
누가
마음속에 담았을까
이름 몇 자
기억도 못하고
깊이 숨겼을까
청량한 계곡 바위틈에
아름답게 피어난
이름 없는 꽃
밤이슬 꽃잎에
내려앉아
아침 햇살에
보란 듯
보석처럼 피는 꽃

배롱나무 꽃

한여름 뙤약볕 속에서도
가슴에 슬픔 안고
어제도 오늘도 애틋한 마음
선홍빛으로 물들이고
이따금 내리는 소낙비
뜨거운 가슴을 식힌다

수많은 날
가슴속 깊이 간직했던 연정
가지 끝에 매달려 너울거리지만
산사의 고요를 깨우지 못하던
찬연한 빛의 열반

욕심이라곤
새벽이슬에 목축이고
바람의 부채질로 여름 견디고픈
소박한 기도가
절 마당에 향기로 넘실거린다

제비꽃

1
꽃바람 불어와
얼굴을 스치면
돌 틈 사이로
가녀린 고개 내밀어
수줍은 미소 짓는다

2
그리운 임 보듯
살가운 눈빛 보드라워
긴 목 내밀어
보랏빛 얼굴
수줍게 고개 떨군다

야생화

봄바람에 실려 오는 향기
형체도 실체도 없는 그리움 찾아
무던히도 애를 썼다

봄바람에 실린
그대의 향기 짙어지고
두근거리는 설렘, 꽃 멀미를 한다

사랑의 슬픈 사연 품고 걷던
가난한 맨발
부르튼 발바닥에서 꽃이 핀다

봄바람에 하늘거리는 야생화
무심 속에 서럽다

홍매화

잔설 녹기도 전에
애틋한 그리움 가슴에 담고
소소리바람 온몸으로 맞으며
붉게 피어나는 연정

임의 등 뒤에
살며시 고개 내밀어
수줍게 미소 짓는다

동자꽃

고요한 숲속 정적이 흐르고
한 서린 울음소리
온 산을 다 적십니다

기다림조차
눈 속에 묻혀 버려
엄동설한에 얼어붙은 몸
임의 품에 안겨 긴 잠이 듭니다

드난살이 짧은 생이 아쉬워
주홍빛으로 피어나
당신 곁으로 다가섭니다

꽃무릇

보고 싶을 때 볼 수 없고
만나고 싶을 때
만날 수 없는 슬픔 안고

한여름 불볕더위 머리에 이고
그리움의 고통은
작은 가슴에 응어리져
붉은 피를 토해낸다

그리운 임 언제 오시려나
오매불망 기다리며
오시는 길목마다
속눈썹에 내려앉은 붉은 미소

설련화

겨울 댑바람
아직 숲을 떠나지 않고
나무 가지엔 잔설 여전합니다

꽁꽁 얼어붙은 눈 속에
따뜻한 햇살의 노크
살며시 얼굴 내밀고
수줍게 미소 짓습니다

그대 향한 마음
노랗게 물들이고
당신 앞에 진한 향기로
다가섭니다

금낭화

햇살 좋은 어느 봄날
호젓한 넓은 들에
건들건들
청사초롱 내걸었다

울긋불긋 피어난 야생화
발길 멈추게 하고
그 속에
넌출지게 매달린 꽃등
금낭화가 곱다

수줍어 붉게 달아오른
아름다운 여인의 여린 어깨
흔연한 봄바람에
춤을 추는 듯

금낭화 향기 코끝에 머무르니
유혹하는
분홍빛 볼우물 깊다

수채화

하얀 도화지 위에
들꽃 그려 향기를 담으니
나비 날아와 꽃잎에 입맞춤하고

넓은 초원에 울창한 숲을 그려
푸르름에 생명을 더하니
산새들이 둥지 틀어 노래를 한다

노을빛 가득한 바다 화폭에 담으니
일렁이는 잔 물결
내 손등 간질이고

텅 빈 내 마음
수묵화로 그렸더니
아련한 추억만 흐놀더라

수채화2

숲속 헐벗은 나목
따뜻한 봄바람이 어루만지니
파릇파릇 새싹 돋고

초원에 피어나는 꽃마다
향기 가득하니
하느적 춤추는 나비

은가람엔
어젯밤 쏟아진 별빛 가득해
귀엣말 정겹고

넓은 바다 하얀 파도 위에
종이배 띄우니
바람에 실려 떠나더라

모란

햇살이 따사로운

오월 어느 날

연분홍 치마저고리

곱게 단장하고

길 나선 새색시

들꽃

돌보지 않아도
험한 숲길에
아름다운 꽃으로 피어나
저 홀로
환하게 웃는 모습 정겹다

짙은 향기 머금고
이름도 생소하니
눈여겨 봐 주는 마음에
화답하듯
맵시도 곱상하다

외로움 곰삭이며
스스로 치유하는 생명력이여
내 너를 찬양하니
황량한 들판에 주인인 듯
더욱 향기롭게 피어라

본연의 야성으로 키운 자생력
어찌,
온실의 꽃에 비교하랴

이기택 시인의 시세계

감성적 언어와 진술의 균형이 빚은 미학

최 영 구

(시인, 문학박사)

시에 쓰이는 언어는 크게 두 가지로 나눌 수 있다. 그 하나는 진술이고, 다른 하나는 감각적인 언어이다. 진술은 논리에 의존하고 감각적인 언어는 시의 이미지를 창조하는데 기여한다. 진술은 사실적 문장을 만들거나, 감각적 표현의 문장을 만든다. 그런 의미에서 진술은 사실을 표현하거나 이미지나 감각적 표현에 기여한다. 따라서 진술은 예술적인 문장이나 말들 사이를 이어서 공감의 문장공간을 확보해 주는데 기여한다. 쉽게 말하면 진술은 이미지와 리듬 혹은 다른 시적 장치들과 일상적 언어 사이의 징검다리 역할을 한다. 진술의 징검다리를 긴장감 있게 배열하면 시가 된다.

이기택 시인의 시의 진술은 단정하고 정연하다. 진술이 단정하고 정연하다는 말은 일상적 언어로 말하면 문장성분 관계가 잘 배치되고 호응이 매끄럽다는 말이다. 그리고 문장과 문장 간의 연결이 무리 없이 논리에 따라 전개된다는 의미다.

또한 이기택 시인의 시는 시어의 선택과 배열도 짜임새가 있는 편이다. 왜냐하면 시어의 선택과 배열이 진술을 도와 감각적 논리, 미적 논리에 기여하기 때문이다. 뿐만이 아니라 그의 시에서 시어의 선택과 배열은 시적 언술을 긴장감 있게 전개하는데 기여하기도 한다.

하여 그의 시에서 시어의 선택과 배열은 이기택 시의 미적 표현의 완성도를 높이는데 중요한 역할을 하게 된다. 그리고 이기택 시인의 시에서 시어의 선택과 배열은 단정하고 정연한 진술을 가능하게 할 뿐만 아니라 그런 진술이 시상전개를 매끄럽게 하여 그의 시에 긴장감을 더한다.

시는 언어를 도구로 하지만, 일상어와 다른 점은 미적 언어이어야 한다는 점이다. 미적 언어란 언어의 속성을 지니면서도 정서적 혹은 음악성을 지닌 리듬의 언어와 연계 된다. 그런 시의 언어들은 시인의 감성과 감정에서 나온다. 음악성을 지닌 리듬의 언어는 시인의 감성과 감정이 빚어낸 감각적 인식과 정서적 인식에 그 바탕을 둔다. 그런 시인의 언어들은 자아와 언어가 한몸으로 그 둘이 합성을 이루어 탄생한 몸의 언어들로 새로운 미적 지평을 창조해 낸다.

마찬가지로 이기택 시인의 시는 그의 감성과 감정에서 빚어진 시어들이 서정과 일치하는 리듬을 창조해 정서적이고 감각적인 언어와 조화되어 시에 미감을 더한다. 그런 점들로 하여 그의 시는 읽는 이에게 미적 경험과 정서적 공감을 주게 된다.

이기택 시의 언어들은 또한 미적 공간의 확장을 위해 비유나 상징을 끌어들인다. 그의 시에서 비유나 상징은 일상적 언어의 장력을 벗어나 미적 감각적 인식이나 함축적 의미를 창조하는데 기여한다. 시에서 그의 그런 확장된 정서적 언어들은 읽는 이의 감성을 자극해 공감에 들게 한다.

다시 솟아
뜨겁게 융기하던 새해
희망으로 찬란하던 결연한 몸짓

작심삼일의
허물어지는 의지를 다독이며
열심히 달려온 서른한 날

설렘 속에 이제 막 내디딘
희망의 걸음마다
오늘과 대면하는 당당함이 결연하다

너를 보내고 나면
새로운 날들을
알뜰하게 품어야 한다

이렇게 열두 번을 보내며
처음인 듯 맞으며
하나라는 숫자를 덤처럼 얹는다

-「1월을 보내며」 전문

이기택의 시 「1월을 보내며」는 새해를 맞은 소회를 정서화한 시다. 가는 날은 언제나 아쉽고, 새날은 언제나 마음 설레게 하기 마련이다. 그런 소회를 진술하면서도 소회의 감정을 노출하지 않는다. 좋은 시는 감정적 표현이면서 감정을 멀리한다. 즉 감정이 절제된다는 말이다. 시어들이 그런 절제를 이끈다. "뜨겁게 융기하던 새해/희망으로 찬란하던 결연한 몸짓" '뜨겁게'와 '융기'라는 시어의 결합은 흔히 말하는 약한 유대관계의 결합으로 감정을 이완시킨다. '찬란하던 결연한'과 '몸짓' 또한 동질감이 덜한 말들의 결합이다. 위의 시는 시어들의 그런 적절한 결합으로 하여 감정적 언어를 감정이 절제된 언어로 바꾸어 놓는다. 시어의 선택과 배열이 적절하다는 말이다. 선부른 시인은 그런 언어의 선택이 불가능할 지도 모른다. 시에서의 언어 수련은 그래서 필요다. "너를 보내고 나면/새로운 날들을/알뜰하게 품어야 한다" 넷째 연의 표현 역시 시적 묘미를 더한다. '알뜰하게'라는 말이 많은 정서와 시적 의미를 내포하기 때문이다. 허투루 보낸 세월과 새해를 맞는 감회가 잘 조화된 시다.

마음속에
애틋한 사연 떠올리며
조용히 창밖을 바라본다

침실 창가에 어둠이 내리고
살짝 열린 문틈 사이로 들어온

산득한 바람
가슴속에 스민다

붉게 떠올랐던 태양
어둑발 속 스러지고
황혼빛 우련하니
마음 또한 사늑하다

그대 그리워 그린 그림 속에
오롯한 아련함
추억은
추상적으로 그려졌다

-「그리워 그린 그림」 전문

향수의 시라고나 할까. 하지만 선불리 향수라는 말은 어디에도 내비치지 않는다. 그러면서도 향수라는 정서가 함축되어 전체의 시를 지배하고 있다. 고향의 맑은 공기와 청정한 자연이 정서 속에 배어난다. 고향이 그리워 그려본 그림 속에는 '산득한 바람' 해맑고 '붉은 태양' '황혼빛' 모두가 고향의, 그립고 청정한 빛이다. 환유적 사고에 바탕을 둔 언어 배열이지만 행간과 행간, 연과 연의 진폭과 거리가 감정의 절제에 기여한다. 그리고 향수와 관련된 서경이 적절이 배치되어 한 폭의 그림을 연상시킨다. 말로 된 그림 곧 시전체가 하나의 이미지다. 화자가 그린 그림은 언어의 그림으로 대치된다. 시가 감각적 언어 즉 오감의 언어여야 한다는 것은 바로 「그리워 그린 그림」과 같은 시적 진술을 두고 이르는 말이다. 그리고 판타지적 상상력도 돋보인다. 그림에서 시작한 고향의 여기저기는 판타지적 전개를 이끈다.

한낮 뜨겁게 불타던 태양
서산으로 기울고
연혼포에 황금빛 노을 내려앉으면
어슬녘 집 찾아드는
작은 물새들의 날갯짓 노곤하다

바위에 부서지는 파도
비릿한 바다 내음
바람에 실려오고
바위섬 위에 들려오는
물새들의 노랫소리
옛 친구 그립게 한다

해무 속에 들려오던
해녀들의 숨비 소리
어머님의 고단한 생을 읊조리는 듯 구슬퍼
흐릿한 눈에 흐르는 눈물
연혼포에는 한 서린 비가 내린다

-「비에 젖는 연혼포」 전문

「비에 젖는 연혼포」 역시 앞의 시 「그리워 그린 그림」과 크게 다르지는 않다. 시조장르라면 연시조로, 연작시로 엮여도 될 만한 시다. 하지만 시선은 전혀 다른 데 있다. 연혼포라는 포구에 화자의 시선이 집중된다. 정서를 집중적으로 조명하기 위해 시선이 포구에만 고정된다. 그런 집중력으로 정서가 치밀하게 밀집되어 서정을 더욱 짙게 한다. 감성과 감정이 빚은 서정과 리듬이 조화되어 연혼포 포구에 대한 정서가 거슬림이 없다. "물새들의 노랫소리/옛 친구 그립게 한다" "흐릿한 눈에 흐르는 눈물/연혼포에는 한 서린 비가 내린다" 셋째 연과 마지막 연의 행들은 진술이 비약적이어서 더욱 강한 인상을 주게 된다. '물새 소리'에서 친구들에 대한 우정과 그리움을 연상해 내고, '연혼포에 내리는 비'에서 한 스린 삶을 읽어 낸다. 시인의 상상력은 그렇게 비약된다. 그런 비약적 진술은 시인이기에 가능하다. 감정적 진술이면서 역시 감정에 거슬림이 없어 주목할 만한 시다.

산모롱이 끼고 돌면
흙먼지 날리는 비포장 길
산길 따라 펼쳐진 풍경화

철 따라 피는 야생화
해맑은 미소마다
따스한 햇살 쌓여 소담스럽다

편백나무 우듬지에 산까치
한바탕 놀고 가니
덩달아 흥겨운 발걸음

바람결에 실린 향기 은근하여
발길 머무는 자리마다 쉼터
세속에 지친 마음 여기에 쉬어간다

-「쉬어가는 마음」 전문

이기택의 위의 시 「쉬어가는 마음」은 전대 시의 문법에 가까운 시다. 시는 행마다 단어와 단어가 이어지고, 문장이 이어지면서 연 갈이가 되고, 연이 이어져 한 편의 시가 된다. 앞에서 밝혔듯 단어와 단어, 행과 연은 서로 거리가 있어 낯설수록 좋은 시가 된다. 낯선 단어와 문장들이 서로 충돌할 만큼 거리가 있게 될 때 그런 언어의 결합을 폭력적 결합이라 일컫는다. 폭력적 결합은 현대시에서 매우 주목받는 어법이다. 그러나 꼭 그래야만 좋은 시라는 보장은 없다. 우리 시문학사에서 볼 때 전대의 현대시는 대부분 정서를 집중화하기 위해 환유적 사고를 바탕으로 정서적 거리가 없는, 유대가 친밀한 시어들로 시를 전개했다. 시는 시 장르가 갖는 보편적 원리가 있게 마련이다. 위의 시 「쉬어가는 마음」은 그런 원리에 보다 충실한 시라 할 것이다. 하지만 그러면서도 서정적 장면과 언어가 새롭게 전개되면서 현대시로서의 맛을 더한다.

또 「쉬어가는 마음」이 읽는 이에게 감동을 더하는 것은 시에서 다루어진 장면들이 현대 우리가 걷는 길의 환경과는 거리가 있기 때문이다. 오늘날 우리가 걷는 길은 대부분 도시화된 길이다. 그래서 쉬어가면서 걸을 만한 길이 없다.

도회지의 길은 물론 농촌의 웬만한 길도 다 그렇다. 하기야 드물기는 해도 더 깊은 산골이나 농촌에는 '쉬어가고픈 마음'의 길이 없는 것은 아니다. 우리의 주변에는 그런 길이 드물어 시에서나 만나게 되는 길이 되었다. 시는 시인이 바라는 세계요 갈망하는 세계다. 그가 꿈꾸고 바라는 길과 환경이 바로 그의 시에 있다.

비가 오면 비가 와서 좋고
바람 불면 바람 불어 좋아라
비 오면 비에 젖어주고
바람 불면 바람에 내어주고

담장 타고 올라
처마 끝 풍경이 되어 너를 부르고
바람 불면 바람에 실려 오는
너의 향기 내 안에 담는다

별 하나 아픈 나를 감싸고
실바람 불어 얼굴을 간지럽히면
너의 손길인가 살며시 눈을 감는다

삼라만상은 고요히 잠들어도
홀로 잠 못 들고 담벽에 기대어
밤이 들려주는 내 영혼의 소리를 듣는다

-「능소화」 전문

위의 시에서 시적 화자는 '능소화'다. '능소화'가 일인칭

화자로 지칭된다. 일인칭으로 지칭된 능소화는 모든 존재와 시인인 나와도 간접적으로 연대된다. 이 시에서 '너'라는 이인칭은 바로 능소화가 꿈꾸거나 그리워하는 대상이거나 세계이라 할 것이다. 그런 의미에서 위의 시는 일차적으로는 능소화에 감정을 이입시켜 능소화를 타자로 서정화한 작품이다. 능소화가 단계마다 주위 환경에 적응해 가는 과정에서의 감정을, 능소화에 이입시켜 정서를 전개한 시다.

하지만 읽는 이에 따라 다른 감상도 가능하다. 능소화를 이미지로 읽을 수 있다는 점이다. '능소화'는 모든 존재를 표상하는 것으로 하나의 이미지다. 다시 말하면 여기서 '능소화'는 생명 있는 것들을 표상하는 구체적 대상물로서의 이미지라 할 것이다. 모든 생명 있는 것들, 아니 존재하는 모든 것들이나, 존재자로서의 시인 역시 실존적 측면에서는 능소화와 큰 차이가 없다. 존재하는 모든 것을 대신한, 실존자인 능소화에 시인의 감정을 이입시켜 서정화한 작품으로 읽을 수 있다는 말이다.

시는 현실에다 환상을 입힌, 사실과 현실을 환상으로 끌어올린 판타지다. 시 「능소화」가 바로 그런 작품이다.

> 나이 들어 얼굴에 주름이 늘어도
> 나를 바라보며 환하게 웃어줄
> 그런 친구 있었으면 좋겠습니다

겨울밤 긴 이야기로 밤을 지새워도
지루하지 않게 귀 기울여주는
그런 친구 있었으면 좋겠습니다

인생길 함께 걸어갈
너른 마음 품은
그런 친구 있었으면 좋겠습니다

황혼길 붉은 노을 바라보며
열심히 살았다고 서로 어깨를 두드려줄
그런 친구 있었으면 좋겠습니다

-「바람」 전문

인간은 혼자 살아갈 수 없는 존재다. 먼저 가족이나 동반자 그리고 친구가 있어야 하고, 이웃이 있고 사회의 일원이 되어야 살아갈 수 있는 법이다. 하지만 현대는 돈과 물질의 숭배로 그런 인간 공동체의 일원으로서의 인간적 측면은 많이 약화된 편이다. 인간관계만 약화된 게 아니다. 인간은 인간 이외의 모든 존재까지도 자신의 목적을 위해 그들을 그들의 삶의 환경에서 밀어낸다. 나만 있고 남이 없는 사회 그게 현대를 살아가는 우리의 모습이다. 시 「바람」은 진정한 친구와 동행하며 우정을 나누며 살아가는 삶을 꿈꾸는 것이지만 확대 해석하면 소외되어가는 인간관계를 복원하고 싶어 하는 매우 휴머니즘적인 시다.

익명으로 살아가는 사회는 인간미가 없는 사회다. 경쟁으로 남을 질시하는 사회, 남을 밀어내어야 내가 산다는 경

쟁심, 남의 성공을 질시하고 부정하며 인정하지 않는 사회, 그런 사회는 희망이 없는 사회다. 위의 시 「바람」은 인간이 서로를 배신하는 사회를 경계하는 의미도 함축한다.

친구와 술잔을 나누고, 이웃으로부터 우정을 축복받고, 주거니 받거니 서로를 위로하고 서로의 삶을 격려하고 작은 것도 나누며 살아갈 수 있는 사회가 진정 인간적인 사회가 아닌가. 시인은 그런 이상사회를 꿈꾼다. 시인은 꿈을 위해 시를 쓰니 말이다.

네가
그리워
너를 생각 하노라면
문득 네가
꽃이 되어
향기로
다가와
안부를 묻는다

-「꽃」 전문

동서양을 막론하고 꽃은 시에서 이미지나 사물어로 흔히 쓰인다. 그건 꽃이 아름다움의 상징이기 때문이다. 아름다움 즉 미에는 많은 의미가 함축되어 있다. 진, 선, 미 중 우리가 주목하는 것은 미다. 미는 진과 선을 아우르고 있어야 진정한 미일 수 있기 때문이다. 그래서 자신에게 가장 소중한 사람 그 중에서도 사랑하는 사람을 꽃이라는 말로 대신하기도 한다. 그만큼 소중하다는 의미다. 꽃은 아름다운 빛깔뿐만 아니라 향기도 지닌다. 그래서 꽃은 가장 이상적인 대상의 이미지로 자주 쓰인다. 위의 시 「꽃」은 짧은 시편이지만 꽃같이 향기로운 한 편의 시다. "네가/그리워/너를 생각하노라면/문득 네가/꽃이 되어/향기로/다가와/안부를 묻는다" 사랑하는 사람이나 그리워하는 사람에게 주는 메시지로 더 이상 무슨 말이 필요하겠는가. 위의 시처럼 시는 짧을수록 더 많은 정서나 의미를 함축한다. 위의 시에서 꽃은 비유적 이미지이면서 상징성도 갖는다. 상대에 대한 많은 사랑의 감정이 내포되어 있기 때문이다. 상상력이 뛰어난 시다.

이제 이기택 시인의 시집 해설을 마무리하고자 한다. 이기택 시인의 시적 특성은 앞에서 부분, 부분 언급했다. 정서가 정연하고 단정한 그의 시는 독자들에게 많은 정서적 공감을 줄 것이라 기대한다. 왜냐하면 시어의 선택과 배열은 물론 시어의 결합으로 이루어진 언어체계가 매우 세련되고 인상적이기 때문이다. 또한 그의 시는 시 장르가 갖는 여러 특성과 시의 문법도 잘 계승하고 있는 편이다. 그래서 읽는 이에게 매우 인상적인 시로 기억될 것이다.

이기택 시집
거기, 밤바다가 있다

인쇄: 2018년 11월 20일
발행: 2018년 11월 26일

지은이: 이기택
펴낸이: 최경식
펴낸곳: 도서출판 청옥문학사
인쇄처: 세종문화사

출판등록 제10-11-05호
E-mail: sik620@hanmail.net
전화: 051-517-6068

값 10,000원

ISBN 978-89-97805-80-8 03810

이 도서의 국립중앙도서관 출판시도서목록(cip)은 서지정보유통지원시스템 홈페이지(http://seoji.nl.go.kr)와 국가자료공동목록시스템(http://www.nl.go.kr/kolisnet)에서 이용하실 수 있습니다.(cip2018037298)

* 이번 작품을 창작하는 데에는 한국예술인복지재단이 창작 준비금 지원을 통해서 도움을 주셨습니다.